Collection de feu M. CHEDEAU
de Mayenne

MONNAIES

ROMAINES, FRANÇAISES ET ÉTRANGÈRES
JETONS ET MÉDAILLES
LIVRES DE NUMISMATIQUE

M. RAYMOND SERRURE
19, RUE DES PETITS-CHAMPS, 19
PARIS

MONNAIES
ROMAINES

GAULOISES, MÉROVINGIENNES, CAPÉTIENNES,
MODERNES, SEIGNEURIALES ET ÉTRANGÈRES.
JETONS ET MÉDAILLES

LIVRES DE NUMISMATIQUE

Vente aux Enchères Publiques

A PARIS, HÔTEL DES COMMISSAIRES-PRISEURS, RUE DROUOT

SALLE N° 8

Le samedi 20 juin 1908

A DEUX HEURES PRÉCISES

EXPOSITION PUBLIQUE UNE HEURE AVANT LA VACATION

La collection sera visible chez Madame Raymond SERRURE

Commissaire-Priseur :	*Expert :*
Mᵉ Albert DELVIGNE	Mᵐᵉ Raymond SERRURE
91, Rue St-Lazare 91	19, Rue des Petits-Champs, 19

PARIS

CONDITIONS DE LA VENTE

La vente aura lieu au comptant.

Les adjudicataires paieront *dix pour cent* en sus des enchères.

L'exposition mettant les acheteurs à même de juger de l'état des objets catalogués, aucune réclamation ne sera admise aussitôt l'adjudication prononcée, sauf le cas d'erreur matérielle.

Mme Raymond SERRURE se charge, aux conditions habituelles (5 °/₀ sur la limite), des commissions qu'on voudra bien lui confier.

L'ordre du catalogue sera suivi ou non, au gré de l'expert, qui se réserve, en outre, le droit de réunir ou de diviser les lots.

La conservation des pièces est indiquée avec soin. Celles dont la conservation n'est pas indiquée laissent à désirer.

L'authenticité est garantie.

MONNAIES ROMAINES

1 Un lot important de grands, moyens et petits bronzes provenant de fouilles faites à Jublains (Mayenne). — Env. 660 p., sur cartons.

2 Un grand lot de deniers des impératrices et empereurs romains, arg. et billon, même provenance. — Env. 140 p., à diviser.

3 **Octave Auguste.** Grand br. (306)[1]. — **Auguste et Agrippa,** colonie de Nîmes (10), moy. br., 2 p. — **Agrippa** (3), moy. br. — **Tibère.** ℞. Autel de Lyon (37). — **Antonia** (6), moy. br. — **Germanicus** (3), moy. br. — Ens. 8 p.

4 **Tibère.** Sa tête laurée, à dr. ℞. Livie assise (15). OR.

5 **Agrippine mère** (1), gr. br. — **Caligula** (27), moy. br. — **Claude** (1, 13, 47, 84). — Ens. 10 p.

6 **Néron.** ℞. DECVRSIO (92), gr. br. — (29, 129, 163, 288, 323, 341, 342, 345), moy. br. — Ens. 10 p. AB et B, tr. à Jublains.

7 **Vespasien** (166, 181, 224, 466, 480, 607). Arg. et moy. br. — Ens. 8 p. AB et B.

8 **Titus.** Sa tête laurée, à dr. ℞. ANNONA AVG. L'Abondance assise à g. (16). OR. AB.

9 — (129, 208), moy. br. — 2 p. AB et B.

10 **Domitien.** Sa tête laurée, à dr. ℞. TR.POT.II COS.VIIII.DES.X.

---

1. Les numéros entre parenthèses renvoient à l'ouvrage de Cohen, 2ᵉ édition.

p. p. Pallas deb. à g., tenant un foudre et une haste (605). OR. B.

11 — (125, 313, 323, 378, 455, 457, 647, 650, 656). Arg. et moy. br. — 9 p. AB et B.

12 **Nerva** (3, 134), arg. — **Trajan** (98), arg. — (625, 627), moy. br. — **Adrien** (1481), arg. — Ens. 7 p. AB.

13 **Antonin le Pieux**. Sa tête laurée, à dr. ℞. cos.iiii. L'Équité tenant une balance et une corne d'abondance (239). OR. TB.

14 — Sa tête nue, à dr. ℞. tr.pot.xiiii cos.iiii ; à l'ex. pax. La Paix deb. à g., tenant une branche d'olivier et un sceptre (579, var.). OR. TB.

15 — (85, var., 406), arg. (574, 1008), gr. br. — Ens. 5 p.

16 **Marc Aurèle**. Son buste nu et cuirassé, à **dr**. ℞. tr.pot. xiii cos.ii. Mars nu, marchant à dr., portant une haste et un trophée (752). OR. TB.

17 **Faustine mère** (116, 165), arg. — **Marc Aurèle** (122), arg. (562), gr. br. — **Faustine jeune** (53), arg. — **Lucius Verus** (224), gr. br. — Ens. 6 p.

18 **Septime Sévère**. ℞. La Foi deb. (147), gr. br., belle patine verte.

19 Lot : Élagabale, Julia Mamée, Gordien III, Philippe père, Otacilie, Trajan Dèce, Étruscille, Trébonien Galle, Volusien, Émilien, Valérien, Salonin, Gallien, Salonine, Postume. — Bill. et gr. br. Ens. 160 p.

20 Lot : Victorin, Tétricus, Aurélien, Tacite, Probus, Numérien, Carus, Dioclétien, Maximien Hercule, Galère Maximien, Maxence, Constantin le Grand, Crispe, Constant I, Gratien. — Moy. et pet. br. Ens. 30 p.

21 **Honorius** (44). Sou d'or. TB.

22 — Autre exemplaire.

23 **Valentinien III** (21). Sou d'or. TB.

MONNAIES GAULOISES [1]

24 **Massilia**. Obole et deniers. Arg. 5 p., br. (1495), 2 p. —
Ens. 7 p. B.

25 **Nîmes**, colonie. Br. au crocodile. 3 p.

26 **Allobroges**. Tête casquée à g. Rⱡ. Hippocampe (2924).
Arg. B.

27 **Volcae Tectosages** (trouv. de Goutrens, Aveyron). Arg.
29 p. B et TB.

28 **Volcae Arecomici**. Tête à g. Rⱡ. Cheval (2630). Arg. Br.,
2 p. — Ens. 3 p.

29 **Elusates**. Tête barbare. Rⱡ. Cheval ailé, désarticulé (3587).
Arg. 2 p. B.

30 **Arverni**. Tête à g. Rⱡ. Cheval à g., fleuron (3719) ; fr.
incomplète. OR.

31 **Pictones**. Tête à dr. Rⱡ. Androcéphale, main (4395). Élec-
trum.

32 — Rⱡ. Cavalier armé, main (4433). Arg. 6 p. B.

33 — Rⱡ. Cavalier armé, fleuron (4445, 4446). Arg. 4 p. B.

34 — Rⱡ. Cavalier armé, annelets (4457). Arg. 3 p. B.

35 **Santones**. *Arivos, Contoutos, Santonos* (4520, 4525). Arg.
2 p., br. 1 p. B.

36 **Aedui**. Lég. KAΛ. 3 p. — *Diasulos* (4871). Arg. 4 p. B.

37 **Carnutes**. Tête d'Apollon, à dr. Rⱡ. Bige, aurige, lyre
renversée (5947). 3 exemplaires. OR. B.

38 — Mêmes types (5955) ; quart de statère. Or. 2 p. AB et B.

39 — Tête à dr. Rⱡ. Deux chevaux superposés (5994). Arg.
5 p. B.

40 — Mêmes types (6011). Arg. 6 p. var. B.

41 — Tête à g. Rⱡ. Cheval, loup accroupi, triskèle (6023).
Arg. 4 p. B.

42 — Tête à dr. Rⱡ. Cheval, aurige, deux c adossés (6033
var.). — Rⱡ. Cheval ailé, fleuron (6050). 3 p. — Arg.
ens. 4 p. B.

43 — Rⱡ. Aigle, aiglon, serpent (6088). — Rⱡ. Aigles, ser-

---

1. Les numéros entre parenthèses renvoient à l'*Atlas* de M. de la Tour.

pent, rouelle (6117). — R⁄. Cheval, sanglier (6202). —
Br. 3 p. AB.

44 **Sequani**. Tête à g. R⁄. ..ANOIO... Sanglier (5351). Arg. —
Potin, 7 p. — *Q. Doci, Togirix*, arg. 3 p. — Ens. 11 p. B.

45 **Turones**. Tête à dr. R⁄. Cheval, oiseau (?) ; à l'ex. EX.
(type de 6421ᵃ) ; quart de statère. Or pâle. B.

46 **Osismii**. Tête à dr. R⁄. Androcéphale, aurige, génie couché (6523). Billon. 3 p. B et TB., tr. à Jublains.

47 — R⁄. Cheval, aurige, croisette (6538). OR.

48 — R⁄. Androcéphale, sanglier (6541). Billon. 2 p. AB.

49 **Curiosolites**. Tête à dr. R⁄. Androcéphale, lyre (6703). Billon. B. 3 p., dont une fausse de l'époque.

50 **Andecavi**. Tête de face. R⁄. Sanglier (6455), 1 p.; tête à dr.
(6463). Oboles, billon. Ens. 6 p. AB et B.

51 — Tête à cordons perlés. R⁄. Androcéphale, aurige, personnage à mi-corps (6743). Billon. B.

52 **Redones**. Tête laurée, à dr. R⁄. Cavalier portant une épée
et un bouclier, sur un cheval nu ; lyre (6760) ; quart de
stat. OR. B.

53 — R⁄. Androcéphale, roue à quatre rayons (6774). Bill. B.

54 — R⁄. Androcéphale conduit à dr. par un aurige qui tient
le vexillum ; dessous, hippocampe (6804). OR. TB.
Tr. à Saint-Mars-sur-Colmont.

55 — Autre exempl. TB, tr. à Mayenne.

56 — Autre exempl. TB, tr. à Jublains.

57 **Armorique** (Incertaines de l'). Mêmes types (6903), quart
de statère. OR. TB, tr. à Jublains.

58 — Deux autres exempl. TB, tr. à Ceaucé.

59 **Aulerci Cenomani**. Tête à dr., entourée de cordons perlés
terminés par de petites têtes. R⁄. Androcéphale, aurige,
génie couché (6838), quart de stat. OR. AB.

60 — Mêmes types (6840), quart de stat. OR. B.

61 — Mêmes types ; sous le cheval, un guerrier armé (6858).
OR. 4 ex. AB et B.

62 **Aulerci Eburovices**. *Pixtilos*. Tête de Vénus. R⁄. Griffon
(7078). Br. AB. — **Calètes**. ATEVLA. Buste de la Victoire. R⁄. VLATOS. Cheval, fleuron (7191). Arg. B. —
Ens. 2 p.

63 **Véliocasses**. Personnage nu, courant. R⁄. Androcéphale;
astres (7276). Br. — Tête à dr. R⁄. Sanglier (7333). Br.
— 2 p. B.

64 **Senones.** Tête à dr. R⃝. Cheval, globules (7417). — Deux
    chèvres. R⃝. Loup et sanglier (7458). Potin. 2 p. B.

65 **Parisii.** R⃝. Cheval, croissant (7820). — **Bellovaci.** R⃝. San-
    glier (7905). Potin, 2 p. B.

66 **Bellovaci.** Tête informe. R⃝. Cheval à g., rouelle, annelet
    (7941, var.). OR. B.

67 **Remi.** Trois bustes R⃝. Bige et Victoire (8040). Br. — **Cata-
    launi.** Guerrier. R⃝. Ours (8124, 8143). — Personnage
    accroupi. R⃝. Sanglier (8145). Potin. — Ens. 4 p. B.

68 **Lingones** (?). Trois croissants. — R⃝. Trois S (?) (8329).
    — Bucrâne. R⃝. Ours (8351). 2 p. — **Atrébates.** Tête
    dégénérée en rameau. R⃝. Cheval (8620). — Potin, 4 p. B.

69 **Morini.** Lignes entremêlées. R⃝. Aurige, lyre (8697), quart
    de stat. OR. TB.

70 — Protubérance lisse. R⃝. Cheval désarticulé, croissant,
    globule (8704). OR. B.

71 — R⃝. Chêne, faucille, annelets (8722), quart de stat. OR.
    2 p. B.

72 **Treviri.** Grand œil. R⃝... ᴛᴛɪɴᴀ. Cheval, astre (8825). OR. B.

73 **Aduatici.** Quatre bustes de cheval en croix. R⃝. Cheval
    (8868) Br. — **Leuci.** Tête à g. R⃝. Sanglier, fleuron
    (9078). Potin. — Ens. 6 p. B.

74 — *Solima.* Tête à g. R⃝. Cheval, dauphin (9025). Arg. B.
    — (9156), br. — Ens. 2 p.

75 **Vindelici.** Personnage assis à g.; devant, un arbre. R⃝. Che-
    val (9383). Arg. TB.

76 **Pannonie** (*Noricum*). Têtes accolées de l'Honneur et de la
    Vertu R⃝. ʙɪᴀᴛᴇᴄ. Cavalier portant une palme (10170).
    Tétradr. Arg. B.

77 **Trouvaille de Jersey.** Tête à dr. R⃝. Cheval à tête d'oiseau ;
    dessous, lyre ou sanglier (10389, var.) .Billon. 3 p. B.

78 **Mediomatrici.** Tête à dr. R⃝. Pégase, trace de légende. Quart
    de stat. OR. B.

79 **Imitations** des deniers rom. au type des Dioscures (*Eburo,
    Durnacos, Auscro,* etc.). — Arg. 7 p. B.

80 Lot : Arg. 2 p., br. 11 p. — Ens. 13 p.

MONNAIES ROYALES
FRANÇAISES

81 **Mérovingiennes**. *Château-Thierry*. TIDIRICIACO. Buste diadémé, à dr. R℟. AEGVLFO MONE. Croix sur un globe. Triens, tr. à Longué (Maine-et-L.). OR. TB.

82 *Nantes*. NAMNITISV. Buste à dr. R℟. DAVDOMVNE. Croix sur un degré, cantonnée de deux points. Triens, tr. à Villepail. OR. TB.

83 *Rodez*. Tête à dr. R℟. T.N.E.S. en monogr. Triens. OR pâle (ébréché).

84 *Saint-Martin-de-Tours*. RACIO SCI MARTINI. Monogr. R℟. LEVGARA...S. Croix. Arg. B.

85 *Nemphidius*, patrice de Provence. Buste à g. R℟. NEF en monogr. Denier arg. B.

86 *Duurstedt*. DORESTAT FT. Buste barbare, à dr. R℟. MADELINVS M. Croix à pied ; dessous, cinq points. Triens. OR. B.

87 Imit. au type de Justin, triens. OR, 2 p. B. — Saïga, tr. à Jublains, arg. — Ens. 3 p.

88 **Carolingiennes**. **Charlemagne**. *Tours*. + CARLVS REX FR. Croix. R℟. + TVRONIS. Monogr. Arg. B.

89 **Louis le Débonnaire**. *Venise*. VENECIAS en deux lignes. Denier. — *Melle*. LVDOVVIC en deux lignes. Obole. — Atelier non désigné. — Den. et ob. arg. — 5 p. B.

90 **Charles le Chauve**. Deniers d'*Amiens*, *Angers*, *Chartres*, *Le Mans* (2 ex.), *Orléans*, *Tours*. — Arg. 7 p.

91 **Louis III**. *Tours*. MISERICORDIA D-I REX. Monogr. de Louis. R℟. + TVRONES CIVITAS. Croix. Denier arg. B. *Rare*.

92 **Charles le Gros**. *Italie*. Grand den. au temple. Arg. B, *rare* (ébréché). — *Bourges*, den. — Ens. 2 p.

93 **Eudes**. *Angers, Blois*. Den. Arg. 4 p. B.

94 — *Limoges, Orléans, Tours*. Den. Arg. 4 p. B et TB.

95 **Charles le Simple**. *Paris*. CARLVS REX. R℟. PARISII en deux lignes. Den. arg. (oxydé). *Rare*. — *Troyes*, den. — 2 p.

96 **Louis IV d'Outremer**. *Langres*, den. — **Lothaire**, *Bourges*,

den. au monogr., den. au temple. — Ens. 3 p. B (une légèrement ébréchée).

97 **Capétiennes. Louis VI-VII**. *Château-Landon, Étampes, Mantes, Nevers*. Den. arg. 5 p. B.

98 **Philippe II Auguste**. *Arras, Tours*. Den. arg. 2 p.

99 **Louis IX**. Gros tourn. et den. tourn. — Ens. 8 p.

100 **Philippe III**. *Masse d'or*. Le roi assis tenant la masse (3)[1]. Rare.

101 **Philippe IV**. *Agnel d'or*. PH'REX sous l'agneau pascal (1). TB.

102 — Gros tourn., den. tourn., piéfort du den., maille. — Ens. 16 p. arg. AB et B, tr. à Gorron.

103 **Charles IV**. *Royal d'or*. Le roi deb. sous un portail gothique (2). 2 exempl. B.

104 — Maille blanche (9). 2 p. arg. B.

105 **Philippe VI**. *Royal d'or*. Le roi deb. sous un dais gothique (1). TB.

106 — *Écu d'or*. Le roi, tenant un écu et une épée, assis sur un siège gothique (3). 2 exempl. B.

107 — *Pavillon d'or*. Le roi assis sous un pavillon fleurdelisé (8). B.

108 — *Chaise d'or*. Le roi assis sur un siège gothique, dans une épicycloïde (14). TB, rogné.

109 — Gros à la queue, double parisis (46, 56). Arg. 7 p.

110 **Jean le Bon**. *Royal d'or*. Le roi, tenant un sceptre, deb. sous un dais gothique (7). TB. Tr., à Gorron.

111 — Six autres exempl. B, même provenance.

112 — *Mouton d'or*. IO REX. Sous l'agneau (3).

113 — *Franc à cheval d'or*. Le roi à cheval (10). TB. Tr. à Gorron.

114 — Deux autres exempl. B, même provenance.

115 — Gros tourn. (15), gros blanc à la couronne (25, 28), gr. blanc à la fleur de lis (31), gr. blanc patte d'oie (49). Arg. 7 p. B, même provenance.

116 **Charles V, dauphin**. *Florin d'or*. KROL. DPHS. Grande fleur de lis florencée. R⁄. Saint Jean deb. ; dauphin à la fin de la légende B.

117 **Charles V, roi**. *Franc à pied d'or*. Le roi deb. sous un dais, dans un champ semé de lis (2). TB. Tr. a Gorron.

---

1. Les numéros entre parenthèses renvoient à l'ouvrage d'Hoffmann.

118 — Cinq autres exempl. B et TB, même provenance.

119 — *Cavalier d'or*. Même type qu'au n° 113 (4). 2 exempl. B, même provenance.

120 — Gros tourn. (6), blanc au lis (7). Arg. 5 p. B, même provenance.

121 **Charles VI.** *Écu d'or* (1). 2 exempl. TB.

122 — Autre, fr. à La Rochelle, TB.

123 — Quatre autres. B et TB.

124 — *Agnel d'or* (4). 2 ex.

125 — Gros (11), gros au lis (15), florette (17), guénar (22). Arg. 9 p. AB et B.

126 **Henri V.** Double tourn. (11). 2 p. — **Henri VI.** *Salut d'or*. fr. à Paris. 4 ex. TB. Tr. à Gorron. — Ens. 6 p., à div.

127 — Autre, fr. au Mans. TB, même provenance.

128 — Trois autres fr. à Saint-Lô. TB, même provenance.

129 — Cinq autres, fr. à Rouen. TB, même provenance.

130 — Deux autres, fr. à Amiens. TB, même provenance.

131 — Blanc aux écus, fr. à Rouen, Saint-Lô. Bill. 4 p. B, même provenance.

132 **Charles VII.** *Agnel d'or*. Type habituel (1). TB.

133 — Deux autres exempl. AB. — *Royal d'or*. — Ens. 3 p.

134 — *Ecu d'or à la couronne*, fr. à Troyes.

135 — *Demi-écu d'or* (7), fr. à Paris. B.

136 — Deux autres (8), fr. à Rouen. B et TB.

137 — Petit blanc au K. (19), grand blanc (36). Ens. 4 p. B.

138 **Louis XI.** *Écu d'or à la couronne* (4) (rogné). — Grand blanc à la couronne (15), gr. bl. au soleil (19), petit bl. (23). Bill. 6 p.

139 **Charles VIII.** *Écu d'or au soleil* (1), fr. à Poitiers. TB. — Autres, fr. à Crémieu, Poitiers, Rouen. AB et B. — Ens. 4 p.

140 — Douzain de Bretagne, fr. à Rennes (13); même type, sans l'R du revers (14, var.); carolus, fr. à Paris. Bill. ens. 4 p.

141 **Louis XII.** *Écu d'or au soleil* (1), fr. à Lyon, à Montpellier. 2 p. B.

142 — *Écu d'or au porc-épic*, fr. à Bayonne. 2 p. B et TB.

143 — Le même, pour la Bretagne, fr. à Nantes (9). B.

144 — Demi-gros de roi (25), fr. à Lyon. B; douz. de Bretagne (28); dizain à l'L couronné (39), fr. à Lyon. — Bill. 3 p.

145 **François I**. *Écu d'or au soleil* (4), fr. à Lyon, Paris. 2 p. B.

146 — R⁄. La croix cantonnée de 2 F couronnées (2) fr. à Lyon.

147 — *Écu d'or du Dauphiné* (19), fr. à Romans. B.

148 — Teston, buste imberbe, fr. à Paris ; teston, buste barbu et couronne radiée, fr. à Lyon ; douzain à la croisette, fr. à La Rochelle, Paris, Poitiers ; double tourn. du Dauphiné ; denier tourn. ; liard à l'F, fr. à Turin (125). Arg. et bill. 9 p. AB et B.

149 **Henri II**. Testons et demi-teston. Arg. 3 p.

150 — Teston fr. au moulin de Paris (52) ; douzains fr. à Nantes, Paris, Rouen, Troyes ; douz. du Dauphiné, fr. à Grenoble. — Arg. et bill. 13 p. B.

151 **François II**. *Gros d'argent*. Écu de France. Écosse. R⁄. F et M liés (3). B. *Rare*.

152 **Charles IX**. *Écu d'or au soleil* (1), Paris MDLXVIII. TB.

153 — Autre, fr. à Compiègne (?) TB ; autre, fr. à Nantes, 1565. B. Ens. 2 p.

154 — *Demi-écu d'or* (2), fr. à Rouen. TB.

155 — Double sol, sol parisis, liard. 3 p.

156 — **Henri III**. *Écu d'or*, fr. à Paris, 1588. B.

157 — Teston, fr. à Paris. Francs fr. à Angers, Lyon Paris, Poitiers, Rennes, Toulouse. Arg. 8 p. B.

158 — Demi-francs fr. à Bordeaux, Limoges, Paris, Rennes, Rouen, Toulouse. Arg. 8 p. AB et B.

159 — Quart de franc, fr. à Dijon. Arg. 3 p. AB, à Gorron.

160 — *Quart d'écu de Sᵗ-Quentin*. HENRICVS III D G FRAN ET POL REX. Croix fleurdelisée. R⁄. H. D. DORLEANS DA LONGVAVIL FACIEBAT ; dans le champ, en cinq lignes : PRO CHRISTO ET REGE S. Q. 1589 (34). TB. *Très rare*.

161 — Quarts et huitièmes d'écu, demi.gr. de Nesle, douzain, double tourn. — Ens. 8 p. AB et B.

162 **Charles X, roi de la Ligue**. *Écu d'or*, fr. à Rouen, 1590, Paris, 1593. — 2 p. B.

163 — Franc (faux), quart et huitième d'écu, douzain. Ens. 5 p.

164 **Henri IV**. Quarts d'écu fr. à Angers, Caen, Nantes, Rennes, Riom, Toulouse. — Arg. 11 p. B et TB.

165 — Huitième d'écu, fr. à Angers, Nantes ; quart d'écu de Navarre et de Béarn. — Arg. 8 p. B.

166 — Demi-franc (47), fr. à Lyon, 1596. TB.

167 — Autre, fr. à Bordeaux ; quart de fr., douzain, douz. du Dauphiné, double tourn. — Ens. 8 p.

168 **Louis XIII.** *Écu d'or* (6) (petit lion à la pointe de l'écu), Paris. 1615. TB. — Autre exempl. B. — 2 p.

169 — Variété, fr. à Rouen, 1615. TB.

170 — *Louis d'or*, mèche longue, Paris, 1642. TB.

171 — *Demi-louis*, même type, 1641. TB.

172 — Deux autres, 1642. TB.

173 — *Louis de 60 sols* (87), Paris, 1642. Arg. B.

174 — 30 sols, 1643 ; 15 et 5 sols. — Arg. 5 p. AB et B.

175 — Teston, quart d'écu, double tourn. 2 p. arg., 5 p. cuiv.

176 **Louis XIV.** *Louis d'or*, buste enfantin, mèche longue (12), Paris, 1646. TB.

177 — Autre, 1653. B. — Autre, 1652, or pâle. — 2 p.

178 — Autre, tête vieille laurée. R⩘. Écu de France (29). Paris 1694. TB.

179 — Autre, Dijon 1690, un peu moins beau.

180 — *Demi-louis d'or*, mêmes types. Toulouse 1691. B.

181 — *Louis aux insignes*, Rouen, 1693 (surfr.) B.

182 — Autre, Lyon 1694.

183 — *Louis d'or*. R⩘. Croix formée de 8 L, au centre, un soleil (42). Paris, 1710. TB.

184 — Écu blanc, buste enfantin, mèche courte (55), Paris 1645. — Demi-écu, Paris 1643, quart et douzième d'écu, mêmes types. Arg. 4 p.

185 — Écu blanc, mèche longue, Angers, 1647, Rennes, 1653. Arg. 2 p. TB.

186 — Demi-écu, Angers, Bayonne, Caen, Paris. Arg. 4 p. B et TB.

187 — Écu blanc de Navarre (79). 1660. — Écu bl. de Béarn (83), Pau 1652. — Autre, 1651. — Arg. 3 p. B.

188 — Écu blanc, buste juvénile (102), Rennes 1665, 1668. — Arg. 2 p. B.

189 — Demi-écu, même type, Aix, Bayonne, Nantes, Toulouse. Arg. 5 p. B.

190 — Écu blanc du Parlement (113), Paris 1679. — Quatre sols (106), Paris, Lyon. — Arg. 4 p. B.

191 — Demi-écu carambole (129), Paris 1685. — Huitième et seizième d'écu, Lille 1686. — Arg. 3 p. B.

192 — Écu aux 8 L (133), Rennes 1691. — Demi-écu, Paris 1690, Rouen 1691. — Arg. 3 p. B.

193 — Écu aux insignes (153), Rouen 1702. — Quart d'écu, Aix, 1702 ; douzième d'écu ; pièces de 20, 10 et 5 sols. — Arg. 10 p. B et TB.

194 — Écu aux 8 L, les armes de France au centre du revers (174), Rennes, 1703, 1704. Arg. 2 p. TB.

195 — Deux autres exempl. et demi-écu mêmes types. Arg. 3 p.

196 — Demi-écu aux trois couronnes, quart et divisions; sol de 15 den. tourn., fr. à Aix. — Arg. 6 p. B.

197 — Siège de Tournai, 20 sols 1709, arg. B. — Siège de Lille, 20 et 10 sols. — Dardenne. — Ens. 1 p. arg., 5 p. cuiv.

198 **Louis XV**. *Louis d'or aux 2 L*, St-Lô 1722. B.

199 — *Louis dit Mirliton*, Troyes, 1724. B.

200 — *Louis aux lunettes*, Tours, 1731. TB.

201 — Deux autres, Paris 1726. B.

202 — Trois autres, Aix, Lyon, Paris.

203 — *Demi-louis*, même type, Poitiers 1727. TB.

204 — Deux autres, Bayonne, Paris. B.

205 — *Double louis au bandeau*, Orléans 1766. TB.

206 — Deux autres, même atelier, 1766, 1768. B et TB.

207 — *Louis*, même type. Lille, 1746. 2 p. TB.

208 — Deux autres, Aix 1743, Bourges 1769. TB.

209 — Autre, B à la fin de la lég. et vache au revers. Pau 1767. TB.

210 — Écu vertugadin, Nantes, 1716; dixième d'écu, Tours; petit louis d'arg., Poitiers, St-Lô. — Arg. 4 p. B.

211 — Vingt et dix sols de Navarre; tiers, sixième et douzième d'écu de France; demi, cinquième et dixième d'écu aux lauriers. — Arg. 11 p.

212 — Livre d'arg. de la Cie des Indes, Paris 1720; demi-écu aux 8 L, Dijon 1725; demi-écu au bandeau; 24, 12 et 6 sols même type. — Arg. 8 p.

213 — Écu tête vieille, Bayonne, 1774; six sols, même type; double sol. — Arg. et bill. 5 p. TB.

214 **Louis XVI**. *Double louis d'or*, aux écus carrés, Paris, 1786. 2 p. TB.

215 — Autre, Bordeaux, 1790. B.

216 — *Louis d'or*, même type, Paris 1786. TB.

217 — Autre, Strasbourg, 1787. TB.

218 — Écu de 6 livres, buste habillé, Limoges 1790; petit écu; 24, 12 et 6 sols; sol et demi-sol. — Arg. 6 p., cuiv. 2 p. B.

219 — Écu constitutionnel, Paris 1792; petit écu; 30 et 15 sols; 2 sols; 12 deniers. — Arg. 7 p., cuiv. 3 p. B.

220 **Révolution.** *Monnerons.* Cinq sols au serment, à l'Hercule ;
    deux sols de la Liberté. — *Caisse de Bonne Foi*, six blancs.
    — 4 p. cuiv. TB.

221 — *Lefèvre, Lesage et C*^{ie}, 20, 10, 5 sols. — Arg. 4 p. TB.

222 **République.** *Louis de 24 livres*, 24 LIVRES dans le champ.
    Rχ. Le Génie de la France gravant la Constitution. Paris
    1793. Très jolie pièce.

223 — Écu, même type. Paris 1793. — 2 p. B et TB.

224 — Essai du double sol et du sol, cuiv. jaune. — Sol et
    demi-sol aux balances. — Cuiv. 4 p.

225 — 5 francs à l'Hercule, an 7. Décime, 5 centimes, cen-
    time. — 1 p. arg., 5 p. cuiv.

226 **République Piémontaise.** L'Italie délivrée à Marengo. 20
    francs, an 9. OR. TB.

227 — Même type, an 10. OR. TB.

228 **Gaule Subalpine.** 5 francs. 3 p. arg. B.

229 **Bonaparte Ier Consul.** 5 fr., 1 fr. et quart de fr., Paris, an
    12. 5 p. TB.

230 **Napoléon empereur.** 5 fr., tête nue, Paris, an 13, 2 p. ;
    2 fr., 1 fr., demi et quart de fr. — Ens. 11 p. B et TB.

231 — 5 fr., tête couronnée, Paris, 1811, 1812, 1815 ; 2 fr.
    1808, 1811, 1815. — Ens. 8 p. B et TB.

232 — 1 fr., 1808, 1810, 1811 ; demi-fr. 1811, 1812 ; quart
    de fr. 1807. — Ens. 8 p. B et TB.

233 **Joachim Murat,** roi des Deux-Siciles, 20 lire 1813. OR. —
    5 lire, 2 lire, 1 lire. — Ens. 4 p. TB.

234 **Jérôme Napoléon,** roi de Westphalie. 20 francs. 1809.
    OR. B.

235 **Marie-Louise,** duch. de Parme. 40 et 20 lire 1815. OR.
    2 p. TB.

236 **Félix et Élisa,** princ. de Lucques. 5 francs. Arg. 3 p. B.

237 **Iles de France et Bonaparte,** Dix livres du général Decaen.
    1810. B.

238 **Guadeloupe.** Gourde : piastre de Charles IV d'Espagne
    percée et poinçonnée. Arg. B.

239 Lot : cuiv. et bill. Napoléon I. — 11 p.

240 **Les Cent Jours.** 5 fr., 2 fr. 1815. — 2 p. TB.

241 **Louis XVIII.** 5 fr. (Michaut), Paris 1820. — 2 fr. Paris
    1822 ; 1 fr., Paris, Rouen, 1824 ; demi et quart de fr.;
    décime 1814, 1815. Iles de Bourbon, 10 cent. — Ens.
    16 p. TB.

242 **Charles X**. 5 fr., Paris 1827, Lille 1830; 2 fr., 1 fr.,
demi et quart de fr. — Ens. 11 p. TB.

243 **Henri V, prétendant**. 1 fr. 1831, demi-franc 1833. —
4 p. TB.

244 **Louis-Philippe**. 5 fr., tranche en relief, Paris 1831, 2 p. TB.

245 — 2 fr., 1832, 1834, 1845; 1 fr. 1834, 1845, 1847. —
8 p. TB.

246 — Demi-fr. 1834, 1846, 1847, quart de fr. — 13 p. TB.

247 — 5 fr., tranche en creux, Lille 1831 ; 1 fr. Rouen 1831.
— 2 p. TB.

248 — Essai bi-métallique, décime 1847, 5 cent. essai 1840. —
4 p. TB.

249 *Concours monét. de 1848.* 5 fr. de Montagny, tranche lisse.
FDC.

250 **République de 1848.** 5 fr. à l'Hercule (Dupré), 1848. —
5 fr., tête de Cérès (Oudiné), 1851. — 2 fr., 1 fr. 1849;
50 cent. 1849, 1850; 20 cent 1850. **Gouvt. prov. de
Lombardie**, 5 lire. — Ens. 14 p. TB.

251 **Napoléon III**. 10 fr. (Barre), tranche cannelée, 1854. OR.
2 p. TB.

252 — 5 fr., même type, petit module, 1854. OR. 2 p. TB.

253 — Même type, tranche lisse, 1854. — OR. TB.

254 — Même type, tranche cannelée, 1855. — OR 3 p. TB.

255 — 5 fr. (Barre), tête nue, 1852 ; 2 fr. 1857 ; 1 fr. 1852,
1860; 50 cent. 1852, 1857, 1860 ; 20 cent. 1853, 1859.
— Arg. 14 p. TB.

256 — Tête laurée. 5 fr. 1861, 1870; 2 fr., 1 fr. 1866; 50
cent. 1864; 10 et 5 cent. 1853, 1861 ; 2 et 1 cent.
1853, 1861, 1862. — Ens. 6 p. arg., 14 p. cuiv. TB.

257 **IIIe République**. 5 fr. (Dupré), type à l'Hercule. 1870;
5 fr. (Oudiné), tête de Cérès, 1870; 2 fr. 1870. —
Ens. 4 p. TB.

258 — 5 fr., Bordeaux (croix de Saint-Maurice et étoile), 1871;
2 fr., 1 fr. 1871; 5, 2, 1 cent. 1877, 1881 ; 10, 5, 2,
1 cent. (Dupuis), 1898. — Ens. 4 p. arg., 9 p. cuiv. TB.

MONNAIES SEIGNEURIALES

259 *Anjou*. Geoffroi II, Foulques IV, Charles d'Anjou. Den.
    arg. 20 p.

260 *Maine (comté)*. Herbert I et successeurs, Charles II. Bill.,
    env. 100 p.

261 *Déols*, Guillaume III. — *Vendôme. Issoudun*. Raoul II.
    Den. arg. 40 p.

262 *Sancerre. Nevers*. Gui de Forez. — *Auvergne. Poitou*. Alphonse
    de France. — *La Marche. Cahors. Bourgogne*. Robert II.
    Den. et ob. arg. 39 p.

263 *Penthièvre. Gien. Anduze. Champagne. Sedan. Lorraine.
    Besançon*. Charles-Quint. Écu d'arg. 1566. — Arg., bill.,
    cuiv. 28 p.

264 *Bretagne*. Jean I, Jean II, Jean III, Jean V. Arg. et bill. 37 p.

265 — François I-II. Cavalier d'or fr. à Rennes. TB.

266 — Autre, fr. à Nantes. B.

267 *Évreux (comté)*. Charles le Mauvais. Écu d'or. Le roi deb.
    dans un campanile. TB. *Très rare*.

268 *Aquitaine*. Bernard Guillaume. Édouard III. *Béarn*. Les
    Centulle. *Navarre*. Teston de Jeanne d'Albret. *Lyon*,
    archevêques. *Provence*. Gros marseillais, carlin de Robert,
    coronat de Louis et Jeanne. — Arg. et bill. 25 p.

269 — Jeanne de Naples. Franc à pied d'or. TB.

270 *Valence (évêché)*, den. et ob. *Orange*. Raymond III, blanc
    et carlin. *Dombes*. Teston de Henri de Montpensier;
    demi-écu d'Anne-Marie-Louise. — Arg. 8 p.

271 *Vienne (archevêché)*, den. — *(dauphins)*. Florin d'or au saint
    Jean-Baptiste de Humbert II. — 2 p. B.

272 *Comtat Venaissin*. Bill. et jules de Clément VIII, Urbain
    VIII. — 5 p.

273 *Brabant*. Franc à cheval d'or de Jeanne et Wenceslas, copié
    de ceux de France. — 2 exempl. B.

273 *bis*. — Philippe II. Écu et division. Arg. 5 p.

274 *Flandre*. Double gros de Jean sans Peur. B. — Philippe II,
    comte de Flandre. Réal d'or au buste. B. *Rare*. —
    Ens. 2 p.

275 *Calais*. Gros de Henri V. Arg. 2 p.

276 *Cambrai*. Pierre IV d'André. Franc à cheval d'or. *Rare*.

277 Un grand lot de pièces provenant de trouvailles faites dans le dépt de la Mayenne : quarts et huitièmes d'écu, demi-francs, douzains, des règnes de Charles IX, Henri III, Henri IV. — Arg. et bill., env. 200 p. à div.

278 Un lot de monn. provenant de la trouvaille de Pontmain : deniers de Philippe-Auguste et deniers tourn. de Louis IX, pour l'abbaye de St-Martin de Tours. — Arg., env. 620 p. à div.

279 Autre lot, même provenance : ducs de Bretagne ; anonymes de Rennes et de Nantes. — Bill. env. 100 p., à div.

280 Un grand et intéressant lot, même provenance : pennies au type esterlin des rois d'Angleterre Henri II, Henri III, Édouard I. — Arg., env., 400 p. B et TB. à div.

281 Lot d'or : scudo de Pie IX, 1854 ; — 10 fr. 1850, Léopold I de Belgique ; — dollars, États-Unis, 1853, 1857, quart de dollar ; — peso, Nouvelle-Grenade, 1844 ; — Turquie, 3 p. — Ens. 9 p.

282 Lot de monn. d'or françaises et étrangères. 8 p., 28 grammes.

283 Lot important de monn. franç. et étrang. arg., nickel et bill. 2740 grammes.

284 Un autre, 2930 grammes.

285 Un grand lot de monn. de cuiv., franç. et étrangères.

286 Pièces étrangères (du mod. de 5 frs) : Allemagne, Angleterre, Argentine, Autriche, Bolivie, Brésil, Chili, Danemark, Espagne, États-Unis, Grèce, Guatémala, Haïti, Italie, Japon, Mexique, Pérou, Roumanie, Turquie, Uruguay. — Argent, 80 p. TB, à div.

JETONS ET MÉDAILLES

287 **Moyen Age**. Jetons au type de la couronne, de la fleur de lis, du dauphin, de l'agnel, de l'homme sauvage, aumônerie, ch. des comptes, etc. Cuiv. Ens. 75 p.

288 **Jeanne de Bourgogne**, femme de Philippe VI (1313-48). GET. FARME MTCAE. Écu de France-Bourgogne. R⁄. GETES COVRTES SOVMES. Croix fleurdelisée dans un quadrilobe. Cuiv. TB. *Rare.*

289 **Ducs d'Anjou** (branche royale des Valois). POVR LE VRAI SAVOIR. Champ parti Jérusalem-Anjou-Sicile. R⁄. Croix fleurdelisée dans un quadrilobe. Cuiv. TB. *Rare.*

290 **Chambre des Comptes**, sous François Ier, sous Henri II. Cuiv. 2 p. B.

291 **Catherine de Médicis**. R⁄. Larmes du ciel tombant sur un brasier. Cuiv. 4 p.

292 **Marguerite de Valois**, fille de Henri II. R⁄. 1586. Autel allumé, palmier. Cuiv. B. *Rare.*

293 **Anne d'Autriche**. R⁄. 1640. Petit palmier entre deux grands. Arg. TB.

294 **Louis XIII**. 8 p. cuiv.

295 **Louis XIV**. *Huissiers ordres du roy en son grand conseil* 1651. Sceptre, main de justice et quatre lis couronnés. Cuiv. B. *Rare.*

296 — Lot intéressant de 200 p. de cuiv., à diviser.

297 **Louis XV**. Ordinaires des guerres 1722. R⁄. Laurier. Arg. B.

298 — Sacre du roi, à Reims, 1722. Arg. TB.

299 — Jetons de cuivre. 41 p. à diviser.

300 **Antoine de Bourbon**, duc de Vendôme, comte de Marle et Soissons. Cuiv. (fruste). *Rare.*

301 **François d'Alençon**, duc d'Anjou. 1573 R⁄. FOVET ET DISCVTIT. Soleil et nuages. Cuiv. AB. *Rare.*

302 **Noyel** (J. B.), conseiller et secrétaire du roi en sa cour des Aydes de Paris. 1707-1723. Cuiv. TB. *Rare.*

303 **Clergé** (Antoine). Cartouche à ses armes. R⁄. Hercule et l'Hydre 1706 (coin de Dollin). Cuiv. B.

304 **Bardet de Vermanton.** Son nom en 5 lignes. R⁄. 1711.
Fleurs et plantes au soleil. Cuiv. TB.

305 **François,** duc d'Estouteville, comte de Saint-Pol. Écu
écartelé, collier de Saint-Michel. R⁄. NON EST MORTALE Q.
OPTO. Licorne dans un enclos. Cuiv. TB. *Très rare.*

306 **Robert de Melun,** marquis de Roubaix, gouv. d'Arras. R⁄.
Vipère sortant d'un brasier, mordant une main. Cuiv.
TB. *Très rare.*

307 **Paris.** *Boucher d'Orsai,* 1ʳᵉ prévôté. 1701. R⁄. Vaisseau. Arg.
B. — *de Mesme, 1621* — *Macé le Boulanger, 1644* —
Lefebvre, 1651 — de Sève, 1658, 1660, 1661 — Voysin,
1664, prévôts des march. — *Cramoisy,* échevin, *1645 —*
Col de Vilars, 1741 — Levacher de la Feutrie, 1779,
doyens de la Faculté. — Cuiv. Ens. 11 p. B.

308 — *Receveurs* gᵃᵘˣ *des pauvres : Simonet, 1642 — Bellavoine,*
1662 — Ballard, 1664 — Levieulx, 1664 — Gellain,
1666 — Chaavain, 1668 — Harlay de Beaumont, 1672
(3 p.). — Cuiv. Env. 9 p. B.

309 *Confrérie des* Mᵈˢ *de vin.* 1668, 1689, 1691. — *Les gardes*
Mᵈˢ *de vin* (refr.). — Cuiv. Env. 5 p. TB.

310 *Collège de pharmacie.* 1778. R⁄. ET VIGILIS ET PRUDENS. Coq
et serpent. Arg. TB.

311 *Maison philantropique de Paris.* 1781. R⁄. Main arrosant
des fleurs. Arg. TB.

312 **Amiens.** Chambre de commerce, 1761. Arg. TB.

313 **Angers.** Maires : Gohin 1655 (2 p). — Eslye, 1661 –
Cupif, 1671 — Lezineau, 1681 — Charlot, 1685 — Raym-
bauld, 1701. — Cuiv. 7 p. B.

314 **Artois.** États, sous L. XIV, L. XV. Cuiv. 6 p. B. — **Bar-
le-Duc.** Chambre de Ville, 1680 — Ch. des Cptes, 1682.
— 2 p. — **Blois.** Maison commune sous Henri IV,
Louis XIII. 2 p. — Cuiv. Ens, 10 p.

315 **Bourgogne.** États, 1782. Arg. TB. — Élus aux États, Vic·
maj. Cuiv. 54 p. B et TB.

316 **Bretagne.** États. Hermine passant. Arg. TB. — 1724, 1752-
1760. Arg. 3 p. B. — Ens. 4 p. à div.

317 **Bourges.** L. de Gesvres, de la Rochefoucault, archevêques.
— 3 p. — **Cambrai.** Maximilien de Berghes, évêque,
1561 (fruste). — **Lille.** États 1713, 1777. 3 p. — Cuiv.
Ens. 7 p.

318 **Languedoc,** États, 1728. Arg. TB.

319 **Montpellier.** Bon, 1ᵉʳ présᵗ de la cour des Comptes, 1718.
— **Nancy.** Ch. de ville. 3 p. — **Nantes,** Maires : Regnier,
1674; — Mellier, 1721. — Bellabre, 1752. — **Nevers.**
L. de Gonzague et Henriette de Clèves, 1651. — Cuiv.
Ens. 8 p.

320 **Orléans.** Maison de ville, 1600 — Chaussées (2 p.) Marchᵈˢ
de la Loire, 1625, 1653. — **Rouen** (s. d.) JE SVIS LA PAIX,
etc. **Tours,** Maires : Chauvet, 1636 — Mathé, 1664. —
Cuiv . Ens. 9 p.

321 **Brabant, Namur, Tournai, Lorraine,** etc. Cuiv : 17 p.

322 Lot intéressant de jetons divers. — Env. 170 p.

323 Lot de poids monétaires, franç. et étrang., 56 p. cuiv.

324 **Médailles-décorations** : Baltique, Chine, Crimée. —
Arg. 3 p.

325 **Tir fédéral** à La Chaux-de-Fonds, 1863 ; mod. de 5 frs.
— Arg. TB.

326 **Hôpitaux de Milan** : Aux blessés et malades de l'armée
alliée franco-piémontaise, les commerçants de Milan.
R⸄. 5 juin 1859. — Arg. TB.

327 Lot de médailles diverses, cuiv. et métal. — Env. 100 p.

LIVRES DE NUMISMATIQUE

328 *Barthélmy (A. de).* Manuels de Numism. ancienne et de
Num. moyen âge et moderne. 2 vol. in-18, rel. (manq.
les Atlas).

329 *Cohen (H.).* Description génér. des monn. de la République romaine. Paris, 1857, in 4, 75 pl., bien rel.

330 — Descript. histor. des monn. frappées sous l'Empire
romain. Paris, 1859-62 (1ʳᵉ éd.), 6 vol. in-8, bien rel.

331 *Duchalais (A.).* Descript. des médailles gauloises de la Bibl.
Royale. Paris 1846, in-8, 4 pl., rel.

332 *Fillioux.* Nouvel essai d'interprétation et de classif. des
monn. de la Gaule. 2ᵉ éd. Paris, 1867, in-8, 6 pl., bien
rel.

333 *Fillon (B.).* Considération sur les monn. de France. Fontenay, 1851, in-8, 4 pl. — Quelques monn. franç. inédites. Paris, 1853, in-8, 10 pl. — 2 vol. bien rel.

334 — Études numismatiques. Paris, 1856, in-8, 5 pl., fig., rel.

335 — Monn. féod. franç. de la coll. Rousseau. Paris, 1860, in-8, rel.

336 *Fontenay (de).* Manuel de l'amateur de jetons. Paris, 1854, nombr. fig., in-8, rel.

337 *Gariel (E.).* Les monn. royales de France sous la race carolingienne. Paris, 1883-85, in-4, bien rel.

338 *Guioth.* Hist. numism. de la Révolution belge. Hasselt, 1844, 72 pl., gr. in-4, très bien rel.

339 *Hoffmann.* Les monn. royales de France depuis Hugues Capet jusqu'à Louis XVI, Paris 1878, gr. in-4, 118 pl., rel.

340 *Hucher (E.).* Essai sur les monn. frapp. dans le Maine. Le Mans, 1849, gr. in-4, 4 pl. estampées, rel.

341 — L'art gaulois ou les Gaulois d'après leurs médailles. Le Mans, 1868, in-4; très bel ouvrage, pl. à dessins agrandis, bien rel.

342 *Lambert.* Essai sur la numism. gauloise du nord-ouest de la France, in-4, 12 pl. et frontispice. — 2e partie. Bayeux, 1864, in-4, 19 pl. — 2 vol. rel.

343 *Le Blond (abbé).* Observ. sur quelques méd. du cabinet Pellerin, 1823, in-4, rel.

344 *Lorichs (de).* Rech. numism. sur les monn. celtibériennes. T. I (seul paru). Paris, 1852, gr. in-4, 81 pl., tr. bien rel.

345 *Millin.* Hist. métalliq. de la Révolution française. Paris, 1806, in-4, 26 pl., rel. veau (ex-libr. Boucher de Crèvecœur).

346 *Poey d'Avant (F.).* Monn. féodales de France. Paris, 1858, 3 vol. texte, 1 vol. 163 pl., in-4, bien rel.

347 *Prou (M.).* Les monn. carolingiennes de la Bibl. Nationale. Paris, 1896, in-4 23 pl., br.

348 *Saulcy (de).* Hist. numismat. de Henri V et Henri VI rois d'Angleterre pendant qu'ils ont régné en France. Paris, 1878, in-4, 4 pl., bien rel.

349 *Revue Numismatique* (Cartier et de La Saussaye). Année 1851. — (de Witte et Longpérier) Nouvelle série, 1856 à 1866. Ens. 12 vol. in-8, bien rel.

350 *Mélanges de Numism.* Tome I. 1874-75. — *Annuaire* de la Société française de Num. et d'Archéologie. 1866. — Ens. 2 vol. in-8, bien rel.

351 Lot : Carte ou liste contenant le prix de chacun marcq, once,
etc. (Anvers, 1627). — Catal. à prix marq. de la coll.
Rousseau (1861). — Charvet : monn. roy. et féod.
franç., prix indiqués (1862). — Coll. Dassy : monn.
franç. (1869). — Coll. Monnier : monn. et méd. Lorraine (1874). — Ens. 5 vol. rel.

352 Cartons à médailles.

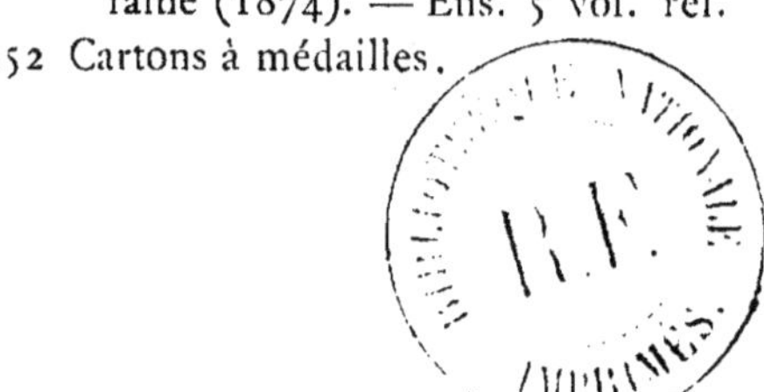

MACON, PROTAT FRÈRES, IMPRIMEURS

MACON, PROTAT FRÈRES, IMPRIMEURS.